nou e de M.ᵉ Vernaud-Romartesi

RESTES DE LA TOUR DE ROUEN

fermée Jeanne d'Arc telle qu'elle existait en 18...

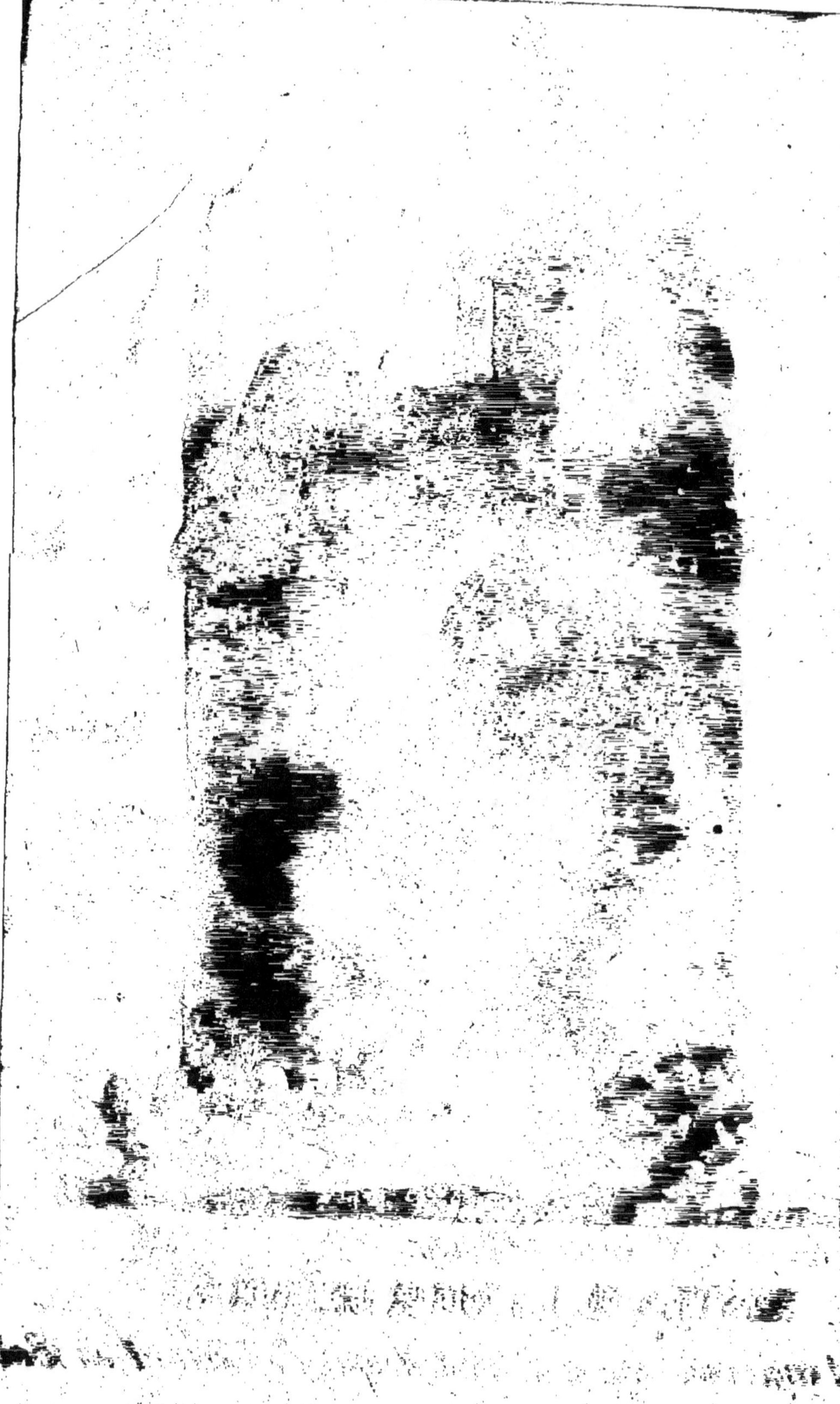

PRISONS

DE

JEANNE D'ARC

A ROUEN

et son premier exploit à Orléans,

PAR

M. CpF. VERGNAUD-ROMAGNÉSI,

Membre de la Société Impériale des Antiquairés de France et de diverses Sociétés
Académiques françaises et étrangères.

Dès qu'une occasion se présente de manifester sa reconnaissance
envers l'héroïque Jeanne d'Arc, elle doit être saisie avec empres-
sement par tous les cœurs français et principalement par les villes qui
ont été les témoins de ses hauts faits ou de son infortune.

C'est ainsi que notre loterie pour la statue équestre de la vierge de
Domrémy a été si bien accueillie, et c'est pour cela que notre conseil
municipal est si généralement applaudi d'avoir voté 5,000 fr. pour la
conservation du donjon du château de Rouen, dans l'enceinte duquel
elle a été prisonnière et si cruellement traitée.

Jeanne d'Arc prise à Compiègne et vendue indignement aux Anglais
se vit complètement abandonnée de son roi, de ses guerriers et du
haut clergé qui l'entouraient. Cependant il paraît certain qu'on tenta de
traiter de sa rançon, mais sans menace de représailles, ou de mauvais
traitements envers Talbot et autres prisonniers anglais de distinction.
Ce qui est moins avéré et cependant bien honorable, c'est, suivant une
chronique de Metz, qu'un gentilhomme du pays messin, à la tête de
3 à 400 hommes, tenta un coup de main sur Rouen pour s'emparer

de la tour où Jeanne d'Arc était enfermée, et périt avec ses braves guerriers. Ce fait, peu certain, dont un très-vieux panégyrique de Jeanne d'Arc fait honneur, sans preuve, à un chevalier orléanais de la *chevau-chée* de Dunois, a pu donner croyance à la prison de la Pucelle dans une tour du château de Rouen, ce qui est contraire à toutes les dépositions de témoins importants tant au procès qu'à la révision de cet inique jugement.

Quoi qu'il en soit, il y a une soixantaine d'années, on montrait à Rouen une tour où, disait-on, elle avait été captive, enchaînée et même placée dans une cage de fer.

A cette époque, revenant de Honfleur à Rouen, je visitai ce lieu; une sorte de manouvrier, jardinier d'un vaste enclos, me conduisit par une pente assez rapide dans une vieille tour démantelée dont il ne restait guère que le rez-de chaussée. Son intérieur, mal éclairé par une petite fenêtre pratiquée après coup, et jadis sans doute par des ar-chères en fente murées en-dehors, me parut à pans coupés intérieurs; au centre, mon guide me fit voir un trou assez profond qu'il qualifia du nom général d'oubliettes comblées. A la paroi droite existait une forte boucle de fer bien scellée, où il me dit qu'on fixait la chaîne qui enferrait Jeanne d'Arc sur son *chalit*; mais il ne fut nullement ques-tion de cage de fer. De là il me fit passer par un trou percé dans l'épais mur de la tour, ou par une ancienne baie délabrée, dans des cénacles à ciel ouvert bordés de vieilles murailles très-épaisses et d'où l'on sortait par quelques marches en mauvais état. Il me donna ces lieux comme étant ceux où Jeanne d'Arc subissait les astucieux interrogatoires de l'inique évêque Cauchon.

Je visitai ensuite la tour du Donjon qui était en mauvais état à son sommet, où je montai et où il ne fut point question de Jeanne d'Arc.

Tout cela, du reste, rassemblé d'après mes souvenirs et mes *notes* de voyage de 1802 à 1804, était l'opinion générale alors à Rouen.

Bien des années après, je repassai à Rouen ; il n'y restait plus que la tour dite du Donjon; tout le reste avait disparu de 1807 à 1808, à ce qu'on m'assura.

J'appris depuis que la tour était la propriété contestée d'une commu-nauté de femmes qui, ayant démoli presque tous les restes du vieux châ-teau, voulait également raser le donjon; mais que M. A. Deville, archéo-logue distingué, avec lequel j'ai été depuis en correspondance, avait vivement combattu cette velléité de destruction avec l'aide du ministère, en articulant que Jeanne d'Arc avait été conduite dans ce donjon une

Mémoire de M.r Vernet-Romanesi
RESTES DE LA TOUR DE ROUEN
t enfermée Janne d'Arc telle qu'elle existait en 1

Mémoire de M.r Vergnaud-R.t

TOUR du VIEUX DONJON du CHATEAU de ROUE

Dessin pris sur Place.

en 1829.

fois, pour être amenée, par la vue des instruments de torture qui s'y trouvaient, à approuver et à signer *de sa croix* la cédule de rétractation qu'on voulait obtenir d'elle. Enfin j'appris aussi que les instruments de torture avaient été transportés au Donjon lors de leur suppression si chaudement décidée et obtenue enfin par notre célèbre Pothier; il en fut de même à Orléans, où on les porta du Châtelet dans le bas étage de notre ancien hôtel de ville appelé le *Saloir* (grenier à sel).

Que M. A. Deville ait le premier mis en avant le fait de ce terrifiant interrogatoire de Jeanne d'Arc au Donjon, par intime conviction ou par une fraude pieuse si l'on veut; il sauva par là le Donjon de la destruction, et en faisant faire, comme il est parvenu à l'obtenir, sa consolidation à frais communs entre les religieuses et le gouvernement, il a contribué à la conservation de ce monument du règne de Philippe-Auguste.

Il suffit qu'il y ait une apparence de vérité à l'interrogatoire de Jeanne d'Arc dans ce lieu si faiblement, mais si consciencieusement discuté dans l'écrit de M. Hellis, que j'ai sous les yeux, pour qu'on doive, non pas contribuer à la dépense d'un million et plus que la ville de Rouen désire appliquer à ses embellissements, mais à la conservation à toujours du Donjon comme souvenir de Jeanne d'Arc évidemment détenue et si maltraitée dans l'enceinte de ce vieux château (1).

(1) Nous ne connaissons malheureusement rien du plumitif, en style d'audience, du procès et de la réhabilitation de Jeanne d'Arc.

Tout cela a été écrit après coup en latin bien éloigné du français (patois lorrain) de Jeanne d'Arc, et depuis, encore traduit en français sur la minute latine; c'est ainsi que nous avons son procès à la Bibliothèque d'Orléans et ailleurs.

Il en a été de même du procès de réhabilitation dont les dire latins, de témoins qui ne connaissaient pas plus cette langue que Jeanne d'Arc, ne méritent pas une confiance absolue, si ce n'est pour des faits patents aux yeux de tous.

Ainsi on fait dire au bourreau illettré de Rouen :

« Honestus vir Leparmentier, clericus non conjugatus, apparitor curiæ archiepiscopalis Rhotomagensis, ætatis LVI annorum vel circiter, etc... Deponit... eamdem Johannam vidit IN CASTRO Rothomagensi, in quo loco fuerunt mandati ipse et suus socius ad ponendum eamdem Johannam in torturis. Et fuit aliqualiter interrogata. Quæ habebat, ita quod ASSISTENTES MIRABANTUR. Tandem ejus personam attentaverunt. »

Et plus loin il répète :

« Scit solum quod erat in castro, in GROSSA TURRI, et ibidem vidit quando fuit mandatus, ut prædixit, ad ponendum eam in torturis, licet non fuerit posita. »

Quel degré de confiance peuvent inspirer ces deux dépositions, lorsque Massieu, l'huissier qui fut chargé de la conduire et de la ramener de toutes les audiences, déposa ainsi :

« Deponit quod in carcere scit veraciter, quod ipsa Johanna erat in castro Rothomagensi in quadam camera media, quo ascendebatur per octo grades, et ibidem erat lectus. »

Ce qui est conforme à vingt autres témoignages.

4

Que nous nous montrions à Orléans généreux en toute occasion envers la mémoire de Jeanne d'Arc, c'est parfaitement juste, c'est un tribut de reconnaissance que nous devons à sa valeur et à ses vertus ; mais pourquoi laissons-nous dans un oubli fâcheux et même répréhensible aux yeux des étrangers, les restes si bien conservés, si intéressants comme type de travaux militaires d'une époque reculée, des fortifications de la tête de notre ancien pont, là même où Jeanne d'Arc fit son premier exploit, fut blessée et scella de son sang la délivrance d'Orléans et de la France !

Lors de la découverte de ces restes visités et distingués par tous les officiers de l'artillerie et du génie militaire qui en demandent la conservation, sous le mairat de M. Hême, la ville avait fait prix d'un vaste immeuble rue Croix-de-la-Pucelle, où se trouvent ces restes précieux comme type de constructions militaires maintenant disparues en France, moyennant 24,000 fr. La ville revendait du terrain pour 12 à 15,000 fr. On devait élever sur ces restes si curieux une pyramide couronnée d'un buste de Jeanne d'Arc ou de la statue de M. Gois, alors mal placée, et qui ne l'est guère mieux aujourd'hui. Un vaste fossé à fond plat, orné d'arbres verts, devait entourer ce fort déblayé, et former une promenade où se serait rendue chaque année la procession civile et religieuse de la délivrance d'Orléans. Un dissentiment sur le plan du monument à élever divisa alors l'architecte de la ville et l'ingénieur en chef du département ; la décision fut ajournée et resta, nous regrettons de le dire, à l'état de projet, par un sentiment d'amour-propre déplacé.

Pourquoi ne trouverions-nous pas aujourd'hui dans un appel de souscription, ou même dans notre budget, les moyens d'acquérir ces fortifications et d'y appeler tôt ou tard les regards de nos concitoyens, et surtout des étrangers, par une disposition remarquable de ce lieu historique ?

Orléans, 8 avril 1866.

C.-F. Vergnaud Romagnési